토론법 코칭 옥효진

부산교육대학교 초등교육과를 졸업하고 14년째 초등학교 선생님으로 아이들과 함께 공부하고 있습니다. 아이들에게 필요한 교육을 실천하기 위해 경제, 금융, 민주시민교육 등 다양한 분야의 교육 활동을 수업에 적용하고 있습니다. 다양한 수업 활동들로 2022 교보교육대상 미래교육콘텐츠 부문 대상을 수상하였습니다. 지은 책으로는 《세금 내는 아이들》《법 만드는 아이들》《세금 내는 아이들의 생생 경제 교실 1, 2》《혼공 도사 나대로》 등이 있습니다.

글 고희정

이화여자대학교에서 과학교육을 전공하고 석사 학위를 받았습니다. 중·고등학교와 대학교에서 과학을 가르쳤고, 방송작가로 일하며 EBS 〈딩동댕 유치원〉〈방귀대장 뽕뿡이〉〈생방송 톡톡 보니하니〉〈뽀뽀뽀〉〈꼬마요리사〉〈부모〉〈라이브토크 부모〉〈다큐프라임 자본주의〉〈인문학 특강〉 등의 프로그램을 썼습니다. 지은 책으로는 《어린이 과학 형사대 CSI》《어린이 사회 형사대 CSI》《토토 수학 놀이터》《신통하고 묘한 고양이 탐정》《의사 어벤저스》《혼공 도사 나대로》 등이 있습니다.

그림 류수형

어린이들의 상상력을 키워 주고 재미있게 읽을 수 있는 만화를 선물하기 위해 열심히 작업 중입니다. 펴낸 책으로는 《빈대 가족의 가난 탈출기》를 비롯한 《빈대 가족》 시리즈와 《빈대 가족의 아프리카 따라잡기》를 비롯한 《빈대 가족의 따라잡기》 시리즈, 《말랑말랑 브레인 패밀리 1, 2》《위기탈출 넘버원》《인싸가족 VS 인싸스쿨》《냥 작가의 맞춤법 상담소》《혼공 도사 나대로》《슈뻘맨의 숨은 과학 찾기》 등이 있습니다.

③ 백전백승 토론술

토론법 코칭 옥효진 | 글 고희정 | 그림 류수형

주니어김영사

남 앞에서 말하기가 두려운 어린이들에게

　말하기는 다른 동물은 하지 못하는 인간만이 할 수 있는 의사소통 방법이에요. 우리는 하루에도 수십 번 수백 번 말을 하면서 살아가고 있지요. 이렇게 일상적인 말하기를 선생님도 여러분처럼 초등학생일 때, 남들 앞에서 말하는 게 왜 그렇게 무서웠는지 모르겠어요. 다른 사람들 앞에서 말을 해야 하는 상황이면 어떤 말을 해야 할지 떠오르지도 않고 긴장이 되어 머릿속이 하얘졌거든요. 아마 어린 시절의 선생님과 같은 친구들이 많을 거라는 생각이 들어요. 학교에서 선생님이 발표를 시킬까 봐 조마조마한 친구들도 있을 거예요. 하지만 말하기가 무서운 친구들도 말하기를 잘하고 싶어 한다는 것을 알고 있어요. 왜냐면 선생님도 그랬거든요. 잘하고 싶지만 무섭고 떨리는 것, 말하기란 녀석은 참 심술궂은 것 같아요.

선생님은 이제 어린 시절과 달리 사람들 앞에서도 떨지 않고 자신 있게 말할 수 있게 됐어요. 다른 사람과 말하는 것, 다른 사람 앞에서 말하는 것 모두 기술이 필요하다는 것을 알게 되었거든요. 지금 다른 사람 앞에서 말하는 것이 힘들다고 걱정할 필요 없어요. 차근차근 하나씩 말하기 기술을 배워 가면 여러분도 다른 사람 앞에서 자신 있게 말할 수 있을 거예요. 이 책을 통해 여러분도 말하기 기술을 하나씩 배워 가고 꾸준히 연습한다면 반 친구들 앞에서 발표하는 것, 수십 수백 명 앞에서 말하는 것도 떨지 않을 거라 믿어요. 혹시 누가 아나요? 지금 이 책을 읽고 있는 여러분 중 누군가가 UN 회의에서 대한민국을 대표해 연설을 하게 될지 말이에요. 이 책을 통해 여러분이 말하는 것이 더 이상 두렵지 않기를, 말하는 것이 즐거워지기를, 말하기를 통해 나의 생각을 다른 사람에게 잘 전달할 수 있기를 바랄게요.

옥효진 선생님

말하기가 두려운 어린이들에게 ····· 4

1장 ★ 호야 님이 수상해 ···················· 11
말하기 비법 ❶ 토의와 토론의 차이 ················ 30

2장 ★ 호랑이 굴에 들어가다! ················ 33
말하기 비법 ❷ 토론의 진행 순서 ················ 50

3장 ★ 주제를 파악하라! ···················· 53
말하기 비법 ❸ 토론은 논설문의 말하기 ··········· 72

4장 ★ 정체를 들키다! ·············· 75
말하기 비법 ❹ 토론 자료 준비 ·············· 96

5장 ★ 진실의 별사탕 ·············· 99
말하기 비법 ❺ 토론에 임하는 자세 ·············· 124

6장 ★ 백전백승 토론술 ·············· 127
말하기 비법 ❻ 토론은 싸움이 아니에요 ·············· 144

에필로그 ····· 147

등장인물

주동희

호야 님의 정체를 의심하는 인기훈에게 토론 대회에 함께하자고 제안한다. 범우산에 터널 뚫는 것을 막고 호야 님이 범우산의 산신이 되는 것을 도우려고 토론 대회에 진심을 다한다.

고미래

호야 님의 정체를 알고도 자신에게 진심으로 잘해 준 호야 님을 믿고 따른다. 일취월장 발표술 미션을 통해 얻은 자신감으로 토론 준비에 임한다.

백호 (호야 님)

구렁이의 계략에 정체가 탄로 나지만 자신의 사정을 솔직하게 고백하고, 아이들이 토론 대회에서 우승할 수 있도록 백전백승 토론술을 전수한다. 자신을 위해 노력하는 아이들과 우정을 나누며 고마움을 느낀다.

인기훈

구미남의 꼬임에 넘어가 경찰에 신고하고, 토론 대회에 함께 참여하자는 주동희를 따라 신기 문구점에 발을 들인다. 토론 미션을 수행하며 호야 님에 대한 오해를 푼다.

구렁이 (구미남)

자신이 범우산의 산신이 되고 싶어 백호가 산신이 되는 것을 막기 위해 인기훈을 꼬신다. 그리고 인기훈과 함께 계획을 꾸며 백호를 곤란한 상황에 빠뜨린다.

★ 반 친구들

이민아 김은희 강현아 허진수 이영훈

호야 님이 수상해

"그러니까 빨리 경찰에 신고해."

남자가 인기훈에게 재촉했다. 신기 문구점 새 주인이 인간으로 둔갑한 호랑이인데, 그 호랑이가 고미래를 언제 잡아먹을지 모르니 경찰에 신고를 하라는 말이다.

"경찰이요?"

인기훈이 눈이 동그래지며 묻자, 남자가 대답했다.

"그래, 경찰에 신고해야 호랑이를 잡아갈 거 아냐."

"아, 네. 그렇죠…."

인기훈이 남자의 말귀를 알아듣고 휴대 전화를 꺼냈다. 그리고 112를 눌러 전화했다. 딸깍하는 소리와 함께, 경찰이 전화를 받았다.

경찰이 되묻자, 인기훈이 설명했다.

"네, 그런데 사람으로 둔갑한 호랑이예요."

"호랑이가 사람으로 둔갑했다고요?"

경찰이 황당하다는 듯 물었다. 인기훈이 대답했다.

"그렇다니까요. 지금 고미래, 고미래는 저희 반 친구인데요…."

인기훈이 설명을 하려고 하는데, 경찰이 인기훈의 말을 자르며 말했다.

"학생, 지금 장난 전화 하는 거죠?"

인기훈의 말을 믿지 않는 것이다. 인기훈이 억울해하며 말했다.

"아니에요. 정말 호랑이가…."

하지만 경찰은 단호한 목소리로 말했다.

"요즘 동네에 호랑이가 어디 있어요. 장난 전화 하면 안 됩니다. 다른 긴급 신고를 받아야 하니 이만 끊겠습니다."

그러더니 정말 전화를 끊어 버리는 것이 아닌가. 인기훈이 당황해 남자에게 말했다.

"장난 전화 하지 말라는데요."

"그래?"

남자가 인상을 찌푸리며 되묻는데, 그때였다.

"또 놀러 올게요, 호야 님."

주동희의 목소리가 들려와서 보니, 주동희와 고미래가 문구점에서 나오는 것이었다. 인기훈은 얼른 몸을 숨겼다. 그리고 들킬까 봐 숨을 죽이고 있는데, 옆에서 인기척이 느껴지지 않았다. 방금까지 옆에 있던 남자가 순식간에 사라져 버린 것이다.

인기훈은 귀신에 홀린 것 같은 기분이 들었다. 잠시 후, 주동희와 고미래가 저만치 멀어지자, 인기훈은 몸을 일으켰다. 그리고 남자가 한 말을 되새겼다.

아이들은 문구점 주인을 호야 님이라고 불렀다. 창문으로 슬쩍 봤을 때는 인간이랑 크게 달라 보이지 않았는데…. 정말 인간으

로 둔갑한 호랑이일까? 인기훈은 궁금한 마음에 살금살금 신기 문구점 앞으로 갔다. 그리고 창문에 얼굴을 대고 안을 살펴봤다. 그런데 바로 그 순간, 갑자기 문이 벌컥 열리는 것이 아닌가.

그러고는 인기훈은 재빨리 달아나기 시작했다.
'잡으러 오는 거 아냐?'
남자의 말대로 진짜 호랑이라면 자신을 잡아먹으러 쫓아오지 않을까 겁이 난 것이다. 인기훈은 가슴이 두근두근 뛰어 뒤도 돌아보지 않고 달렸다. 그리고 집에 도착해 문구점 주인이 따라오지 않은 것을 확인한 후에야 안도의 한숨을 쉬었다.

마음이 좀 안정되고 나자, 인기훈은 문구점 주인의 모습이 떠올랐다. 겉으로 보기에는 그냥 평범한 20~30대 여자로 보일 뿐,

호랑이라고는 전혀 생각되지 않았다. 호랑이 무늬 점퍼를 입고 있는 것만 빼고는 말이다. 그런데 호랑이 무늬 옷은 인기훈의 엄마도 좋아한다. 한때는 유행이라고 너도나도 호랑이 무늬 옷을 입고 다닌 적도 있었다.

"정말 호랑이 맞아?"

인기훈은 다른 의심이 들기 시작했다. 그러자 경찰이 했던 말이 생각났다.

'요즘 동네에 호랑이가 어디 있어요.'

맞다. 요즘 동네에 호랑이가 어디 있겠는가. 게다가 사람으로 둔갑한 호랑이라니! 전래 동화에나 나올 법한 이야기가 아닌가.

"그런데 그걸 믿고 경찰에 신고까지 한 거야?"

생각이 여기까지 미치자, 인기훈은 오히려 남자의 정체가 수상해졌다. 솔직히 인기훈은 남자에 대해 아는 것이 하나도 없었다. 이름도, 나이도, 또 자신에 대한 거나 문구점 주인에 대한 이야기들을 어떻게 알고 있는지도 말이다. 무엇보다 이상했던 건 주동희와 고미래가 문구점에서 나오는 순간, 남자가 연기처럼 사라져 버린 것이었다.

"도대체 정체가 뭐야?"

왜 자신에게 나타나 그런 말을 했는지, 목적이 무엇인지도 궁금해졌다. 그런데 또 문득 남자가 자신과 주동희 사이에 있었던 일을 다 알고 있다는 사실이 떠올랐다. 부모님에 대해 거짓말한 것과 주동희가 그 사실을 알고 소문낸 것까지 말이다. 게다가 주동희를 시기하는 마음을 알고, 문구점 주인의 정체와 주동희가 고미래를 제물로 바친 사실을 경찰에 신고하라고 했다. 그러면 아이들이 주동희의 말을 믿지 않을 것이고, 자신이 거짓말을 했다는 소문도 가짜가 될 거라고 부추겼다.

"그럼 진짜 호랑이? 아니야, 그럴 리가 없어. 근데 호랑이면 어떡하지?"

인기훈은 생각이 오락가락하며 갈피를 잡을 수 없었다. 그러다 고미래가 생각났다.

"말을 해 줘야 하나?"

다음 날 학교에 간 인기훈은 주동희와 고미래의 행동을 유심히 살펴봤다. 그런데 고미래의 행동이 수상했다.

고미래가 주동희를 좋아하고 있어!

그렇다면 더 큰일이 아닌가. 주동희가 자신을 호랑이에게 제물로 바친 것도 모르고 좋아하고 있으니 말이다. 인기훈은 찜찜한 마음이 들었다. 만약 고미래가 호랑이에게 잡아먹히는 끔찍한 일이 벌어진다면, 그 사실을 알고도 모른 척했던 자신도 죄책감에 시달리게 될 거라는 생각이 든 것이다.

'모른 척하고 있을 수는 없어.'

인기훈은 고미래에게 사실대로 말하기로 결심했다.

점심시간이 되자, 인기훈은 고미래에게 다가가 슬쩍 쪽지를 건넸다.

고미래는 인기훈이 준 쪽지를 보고 깜짝 놀랐다. 이제껏 인기훈이 자신에게 말을 건 적이 한 번도 없었기 때문이다. 고미래가 놀란 눈으로 인기훈을 쳐다보자, 인기훈은 따라오라는 눈짓을 했다.

'무슨 말을 하려는 거지?'

게다가 주동희는 모르게 하라니…. 고미래는 의아하게 생각하며 인기훈을 따라갔다. 뒤뜰에 도착하자, 인기훈이 대뜸 돌아보며 물었다.

순간, 고미래는 호야 님을 처음 만났을 때가 생각났다. 호야 님은 고미래를 처음 만났는데도 고미래의 마음속을 꿰뚫어 보고 있는 것 같았다. 하지만 고미래는 고개를 저으며 대답했다.

이게 말이 되는 소리인가. 호야 님이 호랑이라니! 게다가 주동희가 자신을 호야 님한테 바친 거라니. 이 황당무계한 말을 어떻게 믿겠는가. 고미래가 인기훈에게 물었다.

"누가 그래? 누가 그런 황당한 말을 해?"

"그건… 말할 수 없어."

인기훈은 얼버무렸다. 수상한 남자가 누군지 자신도 정확하게 모르니 말이다. 그러더니 덧붙여 말했다.

"여하튼 나는 말했으니까 네가 알아서 해. 알았지?"

그러고는 쌩하니 가 버리는 것이었다. 이제 알려 줬으니 잡아먹히든 말든 자신의 잘못은 아니라고 인기훈은 생각했다. 고미래는 인기훈의 뒤통수에 대고 혼잣말을 했다.

"뭐야, 왜 저래?"

그런데 고미래는 그동안의 일들이 떠올랐다. 호야 님을 만나고 여러 신기한 일들을 겪었기 때문이다. 처음 호야 님을 만났을 때, 호야 님이 자신의 마음속을 훤히 들여다보고 있는 것 같은 생각이 들었는데, 그건 그 이후에도 마찬가지였다. 호야 님은 늘 고미래의 생각과 마음을 먼저 알고 그에 맞는 조언과 격려를 해 주었다. 게다가 더 신기한 것은 호야 님이 첫 번째 미션을 성공했다고 준 '목소리 나팔'이었다. 나팔에 대고 좋아하는 노래를 부르면 멋진 음악이 되어 나오는 나팔 말이다. 세상에서 처음 보는 신기한 물건이었다. 또 두 번째로 받은 '강심장 젤리'도 신기했다. 발표할 때 젤리를 먹으니 긴장이 풀어지고 '나도 할 수 있다'라는 마음이 생겼고, 덕분에 발표를 잘할 수 있었다. 물론 호야 님이 그건 그냥 젤리였다고 말했지만 말이다. 여하튼 이런 일련의 일들로 인해 고미래도 호야 님이 보통 인간은 아니라는 생각은 하고 있었는데…. 그래도 호랑이라니! 인간으로 둔갑한 호랑이는 정말 생각지도 못했다.

고미래는 주동희와 자신이 발표를 잘해서 선생님께 칭찬을 받자 인기훈이 샘이 나서 이런 황당한 소리를 하는 건가 생각했다.

하지만 인기훈의 평소 성격을 생각하면 이해가 안 됐다. 똑똑하고 말도 잘하고 또 인물도 훤칠해서 여자아이뿐만 아니라, 남자아이들에게도 인기가 많은 아이니까 말이다. 고미래는 인기훈의 말을 믿어야 할지, 아니면 무시해야 할지 판단이 안 섰다.

수업 시간이 되자, 선생님이 말씀하셨다.

"학교 대표로 토론 대회에 나갈 사람을 뽑아야 하는데, 하고 싶은 사람 있어요?"

하지만 모두 눈치만 볼 뿐 조용했다. 인기훈은 손을 들까 말까 망설였다. 학교 대표라니, 참가해 보고 싶은 마음이 들었기 때문이다. 선생님이 다시 물었다.

"하고 싶은 사람 없어요?"

인기훈은 해 보기로 결심했다. 그래서 막 손을 들려고 하는데, 이영훈이 먼저 의견을 냈다.

그러더니 선생님이 주동희와 고미래를 보고 물었다.

"주동희, 고미래, 어때요? 토론 대회에 나가 볼래요?"

고미래는 당황해 주동희를 쳐다봤다. 고미래는 원래 숫기가 없고 말을 잘 안 해서 '고구마'라는 별명까지 있었다. 다행히 주동희와 호야 님 덕분에 발표를 잘 해내기는 했지만, 토론 대회라니…. 그것도 학교 대표로 나가야 한다니, 더더욱 자신이 없었다. 그러나 주동희는 빙긋 웃더니, 큰 목소리로 대답했다.

주동희는 이번에도 호야 님이 도와줄 것이라 믿었다.

"미래는?"

고미래는 잠시 고민했지만 해 보기로 마음먹었다. 주동희가 함께하고 호야 님이 도와주면 할 수 있을 것 같은 생각이 들었기 때문이다.

"해 보겠습니다."

아이들이 용기를 주는 것처럼 크게 박수를 쳤다. 인기훈은 기분이 상했다. 자신이 하려고 했는데, 못하게 됐으니 말이다. 선생님이 덧붙여 말했다.

"그럼 주동희와 고미래가 하는 걸로 할게요. 그런데 세 명이 한 팀을 이뤄야 하니까 내일까지 한 명을 더 정해서 선생님한테 오세요."

"네!"

주동희와 고미래가 대답했다. 수업이 끝나자, 주동희가 고미래에게 가서 물었다.

"한 명은 누구로 할까?"

"글쎄…."

고미래가 고민하자, 주동희가 주저하면서 말을 꺼냈다.

"현아한테… 말해 볼까?"

고미래는 예상치 못한 인물에 의아했다. 주동희와 친하게 지내는 허진수나 이영훈을 이야기할 줄 알았기 때문이다.

 그런데 주동희가 강현아를 보는 눈빛이 예사롭지 않았다. 강현아를 옆에서 보고만 있는데도 힐끗거리며 혼자 배시시 웃는 것이 아닌가. 고미래는 주동희의 태도를 보며 새로운 사실을 깨달았다.

 '동희가 현아를 좋아하는구나!'

 고미래는 가슴이 쿵 내려앉았다. 자신이 주동희를 좋아하고 있기 때문이다. 그렇다고 강현아와 함께하자고 하는데 안 된다고 할 수는 없으니, 고미래는 마지못해 동의했다.

 "현아가 한다고 하면 좋지."

 고미래가 대답하자, 주동희가 활짝 웃으며 말했다.

 "그럼 현아한테 말해 보자."

고미래는 쓸쓸한 마음이 들었지만, 주동희와 함께 강현아에게 가서 같이 토론 대회에 나가자고 말했다. 그러나 강현아는 곤란한 표정으로 대답했다.

주동희는 실망하는 표정이 역력했다. 하지만 고미래는 속으로 안도의 한숨을 쉬었다.

토의와 토론의 차이

　세상에는 많은 의견이 있어요. 서로 다른 의견을 모으고 문제를 해결할 수 있는 방법을 찾기 위해 사람들은 서로 이야기를 나눕니다. 이처럼 문제를 해결하려고 사람들이 의견을 내는 것을 토의와 토론이라고 해요. 토의와 토론은 비슷한 말하기이지만 그 방법은 달라요.

★ 토의와 토론은 어떻게 다를까요? 여러분이 경험해 본 토의와 토론을 떠올려 보고 그 특징과 차이점을 한번 적어 보세요.

토의	
토론	

최고의 해결 방법을 찾기 위한 '토의'

 토의는 주어진 문제를 해결할 수 있는 가장 좋은 방법을 찾아가는 과정이에요. 같은 문제를 가진 사람들이 모여 여러 가지 해결 방법을 자유롭게 이야기하죠. 그리고 그중에서 가장 좋은 문제 해결 방법을 골라내요. 그런데 토의에서는 사람들이 이야기한 것 중에 꼭 하나를 정해야 하는 것은 아니에요. 여러 사람의 의견을 합칠 수도 있고, 여러 사람의 의견을 바탕으로 새로운 문제 해결 방법을 만들어 낼 수도 있죠. 토의는 경쟁보다는 문제를 해결하기 위한 협동하는 말하기라고 할 수 있어요.

[토의 예시]

A: 오늘 저녁은 뭘 먹는 게 좋을까?
B: 나는 피자가 먹고 싶어! 피자를 못 먹은 지 오래되기도 했고, 치즈를 좋아하거든.
A: 나는 탕수육이 먹고 싶은데…. 새콤달콤한 소스에 바삭한 튀김까지 엄청 맛있어.
C: 나는 초밥이 먹고 싶은데. 어떻게 하지?
B: 그럼 우리 뷔페에 가는 건 어떨까?
C: 그거 좋은 생각이다! 뷔페에 가면 피자도 탕수육도 초밥도 먹을 수 있잖아!

상대방을 설득하기 위한 '토론'

 토론은 주어진 문제에 대해 내가 가진 주장을 상대방에게 설득시키는 말하기예요. 토론에서는 똑같은 문제에 대해 서로 다른 생각을 하는 사람들이 자신의 주장에 대한 근거를 이야기하며 내 의견대로 결정하려고 하죠. 그래서 토론에서는 상대방의 의견에서 잘못된 부분을 찾아 지적하거나 상대방의 의견에 반박하기도 해요. 토론할 때는 찬성하는 쪽과 반대하는 쪽으로 나눠지기도 하죠. 그리고 누가 이겼는지 결정하는 심판이 있는 경우도 있어요. 그래서 토론은 협동보다는 경쟁하는 말하기라고 할 수 있어요.

> **토론 예시**
>
> C: 오늘 간식은 뭘 먹으면 좋을까?
> A: 떡볶이 어때? 매콤한 떡볶이를 먹으면 스트레스가 날아갈 거야! 그리고 바로 길 건너에 떡볶이 가게가 있다고.
> B: 팥빙수를 먹어야지! 더운 여름에는 팥빙수가 최고야. 게다가 이 앞 가게에서 할인 행사를 해서 반값에 팥빙수를 먹을 수 있다고.
> C: 두 사람 말을 들어 보니까 B의 말이 더 설득력이 있어. 우리 오늘은 팥빙수를 먹으러 가자.

 토의와 토론은 비슷하지만 서로 다른 말하기예요. 하지만 우리가 이야기할 때는 토론만 하거나 토의만 하는 경우보다는 토론과 토의가 동시에 이루어지는 경우가 대부분이랍니다.

호랑이 굴에 들어가다!

방과 후, 주동희와 고미래는 신기 문구점으로 갔다. 호야 님에게 토론 대회에 나가게 됐다고 전하고 도와 달라고 하기 위해서였다. 다행히 호야 님은 아이들의 이야기를 듣자마자 선뜻 도와주겠다고 했다.

토론은 평소에 하는 말하기나 발표와 달라. 또 문제 해결을 위해 서로 의논하는 토의와도 다르지.

정말요? 어떻게 다른데요?

토론은 주어진 문제에 대한 나의 주장을 상대 팀에 설득시키는 말하기야. 서로 다른 주장을 펼치면서 상대의 의견을 지적하고 반박해야 해. 또 토론이 끝나면 토론 과정을 지켜본 관객이나 심사 위원들이 평가하기도 하지.

축구 시합 할 때 서로 골을 넣으려고 경쟁하는 거랑 비슷하네요.

주동희가 재미있다는 듯이 말했다. 주동희는 축구를 좋아하고 잘하기 때문에 빗대어 생각해 본 것이다. 호야 님이 웃으며 설명을 이었다.

"맞아. 그래서 운동 시합이 규칙과 순서가 있듯이 토론도 규칙과 순서가 있어. 내가 토론을 할 때 어떤 규칙과 순서를 지키며 해야 하는지, 또 어떻게 해야 이길 수 있는지 가르쳐 줄게. 이름하여, 백 번 싸우면 백 번 이기는, '백전백승(百戰百勝) 토론술'이지."

호야 님이 정말 호랑이라면, 어떻게 인간의 말하기나 발표, 토론 하기까지 잘 알고 있겠는가. 그런데 그 순간, 호야 님은 고미래의 어두운 표정을 보고, 거울을 통해 무슨 일이 있었는지 보았다.

"미래는 무슨 고민 있어?"

호야 님이 질문하자 고미래는 손사래를 치며 부인했다.

"아니요, 아니에요."

아니라고 둘러댔지만 계속 혼자 고민하고 있을 문제는 아니라고 생각한 고미래가 조심스레 말을 꺼냈다.

"사실… 호야 님에 대해 이야기를 들은 게 있는데요…"

"내가 인간으로 둔갑한 호랑이라는 말?"

"아, 네…. 네? 그걸 어떻게…"

호야 님의 대답에 고미래는 당황했다. 그리고 이 상황에 놀란 주동희가 호야 님을 쳐다봤다. 주동희는 누구에게도 호야 님의 정체에 관해 이야기한 적이 없는데, 고미래가 알고 있으니 놀란 것이다.

호야 님은 왜 인간으로 둔갑해 신기리에 내려오게 됐는지 차근차근 설명했다. 그리고 인간은 절대 잡아먹지 않으니 걱정하지 말라고 말하며 그동안 솔직하지 못한 것에 대해서도 사과했다.

"미안해, 미리 말하지 못해서."

주동희도 고미래에게 잘못을 빌었다.

"나도 미안해. 하지만 너를 나 대신 제물로 바친 건 절대 아니야. 오해하지 말아 줬으면 해."

고미래는 가만히 이야기를 듣고 있더니 물었다.

"그럼 사람의 마음을 꿰뚫어 보는 능력도 있는 거예요? 그래서 제 마음이나 생각을 다 알고 계신 거였어요?"

"맞아. 500년을 산 동물들은 독심술을 부릴 수 있어. 표정이나 행동만 봐도 상대의 마음을 읽을 수 있지."

호야 님의 말에 고미래가 이제야 이해가 된다는 표정으로 말했다.

"그래서 제가 호야 님을 의심하는 것도 바로 아신 거네요."

"그렇구나…."

고미래는 말끝을 흐리며 천천히 고개를 끄덕이더니, 생각에 잠긴 듯 한동안 아무 말도 하지 않았다. 호야 님과 고미래 그리고 주동희 사이에는 무거운 침묵이 흘렀다. 주동희는 호야 님의 옆구리를 찌르며 눈짓으로 물었다.

'어떡해요?'

호야 님도 걱정스러운 표정으로 고미래를 보더니 조심스레 말을 꺼냈다.

"혹시 내가 무서우면 그냥 가도 돼. 그리고 다시 이곳에 오지 않아도 돼."

인간이 호랑이를 무서워하는 것은 당연한 일. 섭섭하지만 어찔 수 없는 일이라고 호야 님은 생각했다. 그런데 그때였다. 고미래가 갑자기 고개를 들더니, 눈을 반짝이며 물었다.

고미래가 호야 님의 대답을 듣고는 환하게 웃으며 말했다.

"그럼 진즉에 말씀해 주셨어야죠. 이런 놀라운 능력을 왜 숨기고 계셨어요. 가만, 그럼 호야 님이 산신이 되면, 저는 산신의 제자가 되는 거네요. 멋지다!"

고미래는 소설가가 꿈이라더니, 그래서 생각하는 것도 창의적인 모양이다. 그러나 사실 호야 님과 주동희의 고백을 들으며 고미래는 많은 고민을 했다. 지금이라도 도망을 쳐야 하나 생각도 했다. 하지만 호야 님 덕분에 발표도 잘하게 되고 자신감도 갖게 된 일이 생각났다. 그래서 호야 님과 주동희의 말을 믿기로 한 것이다.

고미래가 주먹까지 불끈 쥐며 말하자, 그제야 주동희는 마음이 놓였다. 그리고 호야 님을 있는 그대로 믿고 받아들이는 고미래가 대단해 보였다.

호야 님도 보통 사람들과는 다른 고미래의 반응에 감동해 인사했다.

"고마워, 미래야. 정말 고마워."

그때, 주동희가 번뜩 생각이 난 듯이 물었다.

"그런데 미래야, 이 사실을 어떻게 알게 됐어?"

"어제 문구점에 와서 수상하게 훔쳐보던 아이가 있었어."

호야 님은 거울을 통해 고미래에게 있었던 일을 보면서 어제 문구점을 훔쳐보다가 들킨 아이와 동일 인물인 것을 알아챈 것이다. 주동희가 걱정되는 표정으로 말했다.

"그럼 어떡해요?"

고미래가 걱정되어 묻자, 호야 님이 단호한 목소리로 말했다.

"잡아야지."

좋은 생각이 난 듯 주동희가 의견을 냈다.

고미래는 걱정했지만, 호야 님은 잠시 생각하더니 대답했다.

"좋은 생각이네. 적을 알고 나를 알면 백전백승이라고 하잖아. 우리 백전백승 토론술과도 딱 맞는 전략이야."

계획대로 과연 인기훈이 토론 팀에 들어오려고 할까?

다음 날 아침, 인기훈이 학교에 가려고 나왔는데, 그 수상한 남자가 집 앞에 서 있는 것이 아닌가.

"우리 집은 어떻게 알았어요?"

인기훈이 놀라 묻자, 남자가 대답했다.

"이 정도는 어려운 일도 아니지."

'역시 수상한 자야. 신기 문구점 주인이 호랑이라고 하더니, 남자도 같은 요물이 아닐까….'

인기훈은 남자를 의심하며 자신을 변호했다.

"나는 시키는 대로 다 했어요. 경찰에 신고도 했고, 고미래한테 호랑이라고 얘기도 했다고요."

하지만 남자는 마음에 안 든다는 표정으로 말했다.

"알아. 문제는 별 효과가 없었다는 거지."

"여하튼 저는 할 만큼 했으니까 이제 몰라요. 그리고 아저씨는 누구예요? 누군데 나에 대해 다 알아요?"

인기훈이 미심쩍은 표정으로 묻자, 남자가 씩 웃으며 멋있는 척을 했다.

"나? 구미남, 딱 봐도 미남이라 구미남. 내 정체는 차차 알게 될 거니까 궁금해하지 말고."

인기훈이 고자세로 나오자, 구미남은 태도를 바꿔 인기훈을 설득하기 시작했다.

"너는 내가 지켜 줄 테니까 걱정하지 말고. 그리고 주동희한테 복수 안 해? 아이들이 네 비밀을 다 알게 되면 어떡하려고 그래."

인기훈의 약점을 건드리며 마치 인기훈을 위하는 것처럼 말하는 구미남. 인기훈은 구미남의 속셈을 다 알면서도 마음이 흔들렸다. 아이들이 자신이 거짓말한 것을 다 알게 되었을 때의 일은 상상만 해도 끔찍하기 때문이다. 하루아침에 인기남에서 거짓말쟁이로 추락하게 될 테니 말이다. 인기훈이 입을 삐죽 내밀며 말했다.

"알았어요. 생각해 볼게요."

그러고는 쌩하니 가 버리는 인기훈. 구미남은 인기훈의 뒷모습을 보며 중얼거렸다.

"어린 녀석이 까칠하긴."

그런데 인기훈이 학교에 가자, 주동희와 고미래가 기다렸다는 듯이 인기훈을 반겼다.

"왔네, 할 말이 있어."

주동희의 말에 인기훈은 고미래를 쳐다봤다. 자신이 어제 한 말을 고미래가 주동희에게 전했고, 그래서 주동희가 따지려고 하나 생각한 것이다. 인기훈이 일부러 센 척하며 물었다.

"할 말? 뭔데?"
"학교 대표로 토론 대회에 나가는 거 말이야. 너도 같이할래?"
예상치 못한 주동희의 말에 인기훈은 눈이 동그래졌다.

인기훈은 재빨리 머리를 굴리며 생각했다. 주동희가 고미래 대신 자신을 호랑이의 제물로 바치기로 한 건 아닐까? 그렇다면 이 제안을 받아들이는 것은 호랑이 굴에 제 발로 들어가는 것과 같은 것이다. 인기훈이 생각에 빠져 있는 사이, 주동희가 다시 설득했다.

"너 말도 잘하고 똑똑하잖아. 네 도움이 필요해서 그래."

인기훈은 싫다고 대답하려고 했다. 그런데 순간, 구미남이 했던 말이 떠올랐다.

'주동희한테 복수 안 해? 아이들이 네 비밀을 다 알게 되면 어떡하려고 그래.'

인기훈은 마음을 바꿔 다짐했다.

'호랑이 굴에 들어가도 정신만 똑바로 차리면 산다고 했어. 내가 호랑이와 주동희의 진짜 정체 밝히고야 말겠어.'

말하기 비법 ❷

토론의 진행 순서

　상대방을 설득시켜야 하는 토론은 운동선수들이 시합하는 것과 비슷해요. 운동 경기에서 선수들이 경기의 규칙을 지키며 시합하는 것처럼 토론할 때도 토론의 순서와 규칙을 지키며 토론에 참여하거든요. 토론의 순서와 지켜야 할 규칙은 어떤 것들이 있을까요?

★ **토론의 진행 순서**

❶ **주장 펼치기**

> 　토론 주제에 대한 자신의 주장과 근거를 말하는 순서예요. 자신이 준비한 주장을 말하고, 주장을 뒷받침할 수 있는 여러 가지 근거를 이야기해요. 시간이 정해져 있기 때문에 시간에 맞추어 준비하는 것이 좋아요.

❷ **반론하기**

> 　상대방이 펼친 주장과 근거에서 문제가 있는 부분을 찾아 질문하거나 잘못된 이유를 이야기해요. 상대방의 근거에 설득력이 부족한 부분은 없는지, 상대방이 준비한 자료에 문제는 없는지 살펴봐요. 상대방이 하는 말이나 질문에 대답해 주고 내 의견이 옳다는 것을 설득시키는 과정입니다.

❸ 주장 다지기

반론하기 단계에서 서로 토론한 내용을 보태서 나의 주장과 근거를 다시 한번 이야기해요. 자신의 주장과 근거를 다시 강조하는 마무리 발언이에요.

❹ 판정하기

토론을 살펴본 관객이나 심사 위원이 승패를 결정하는 순서예요.

★ 토론이 제대로 이루어지기 위해서는 어느 한쪽에 치우치지 않도록 토론을 진행하는 사회자의 역할이 중요해요. 토론에서의 사회자 역할을 알아보아요.

▶주제와 참여자 소개하기

사회자는 토론의 주제를 소개하고 토론에 참여하는 사람이 누구인지, 각자의 주장이 무엇인지 간단하게 소개해요.

▶토론 규칙 소개하기

사회자는 이번 토론에서 지켜야 할 규칙을 안내하고 토론에 참여하는 사람들이 토론 규칙을 지키며 참여할 수 있도록 안내해요.

▶토론 진행하기

　사회자는 참여자들이 순서대로 이야기할 수 있도록 하고, 만약 제한 시간을 넘긴다면 상대방에게 말할 기회를 넘겨줍니다. 그리고 참여자들이 골고루 이야기할 수 있도록 조절하는 역할을 맡아요.

▶주제에 맞게 말하도록 안내하기

　만약 참여자들이 토론하다가 주제와 거리가 먼 이야기를 하면 사회자는 참여자들이 주제에 벗어난 이야기를 하고 있다고 알려 주고 주제에 맞는 이야기를 하도록 안내해요.

▶갈등 조율하기

　참여자들이 화를 내거나 흥분하는 경우 사회자는 참여자를 진정시켜 토론이 다툼이나 싸움이 되지 않도록 나서요.

토론의 진행 순서와 그 규칙을 기억한다면 토론 준비가 훨씬 수월할 거예요.

3장

주제를 파악하라!

주동희와 고미래, 인기훈은 선생님께 가서 함께 토론 대회에 참여하겠다고 말했다. 그러자 선생님이 토론 주제를 알려 주었다.
"토론 주제는 '범우산에 터널을 뚫어야 할까'야."

 주동희는 마을 여기저기에 걸려 있는 플래카드가 생각났다. 산 너머 동네에 가려면 범우산을 돌아 차로 30분이나 걸리는 길을, 터널을 뚫으면 3분이면 간다는 것이다. 그래서 터널을 뚫어야 마을이 발전한다는 사람들과 자연이 크게 훼손되니 절대 반대라는 사람들로 나뉘어 의견이 분분하다고 선생님이 설명했다.

아이들은 갑자기 어깨가 무거워졌다. 학교 대표라고 하기는 했지만, 마을의 앞날을 결정하는 데 영향을 미칠 중요한 토론인지는 몰랐던 것이다. 선생님이 아이들에게 당부했다.

"그러니까 열심히 준비해야 돼. 알았지?"

"네."

아이들은 대답하고 교무실을 나왔다. 그런데 주동희는 호야 님이 문득 생각났다.

주동희는 수업이 끝나자, 고미래와 함께 인기훈을 데리고 신기 문구점으로 갔다. 호야 님이 인기훈을 반겼다.

"네가 인기훈이구나?"

인기훈은 이제야 호야 님의 모습을 제대로 살펴볼 수 있었다. 그런데 말하는 것이나 표정이나 행동도 그냥 평범한 인간이었다.

"안녕하세요? 잘 부탁드립니다."

인기훈이 인사하자, 호야 님이 방긋 웃으며 말했다.

"나도 잘 부탁해. 아, 우리 따끈한 유자차 한 잔 마시고 할까?"

"네, 좋아요."

주동희가 신이 나서 대답하자, 호야 님은 유자차를 내주며 인기훈을 거울 앞에 앉혔다. 주동희와 고미래는 호야 님의 의중을 파악하고 거울을 유심히 들여다보았다. 하지만 아이들에게는 인기훈의 뒷모습만 보일 뿐이었다.

구미남은 호야 님과는 딱 한 살 차이로, 어렸을 때부터 사고뭉치로 유명했다. 시도 때도 없이 인간 세계에 내려가 인간들을 놀라게 하거나 인간들의 약점을 잡아 협박하다가 천신한테 들켜 혼쭐이 난 게 한두 번이 아니었다. 그리고 이번에는 인기훈의 약점을 잡아 호야 님의 일을 방해하려는 것이다. 호야 님은 구미남을 잡아 혼을 내 줘야겠다고 생각했다. 그런데 그때, 주동희가 갑자기 생각난 듯이 말했다.

　"호야 님, 토론 주제가 뭔지 아세요? '범우산에 터널을 뚫어야 할까'예요."

　호야 님이 화들짝 놀라며 되물었다.

　"범우산에 터널을 뚫는다고? 정말?"

아직 결정된 것은 아니고요. 군청에서 여러 사람들의 의견을 들어 보고 있는 중이래요.

터널을 뚫는다는 것은 산의 허리를 댕강 자르는 것과 똑같아. 거기에 사는 수많은 동식물의 터전을 쑥대밭으로 만드는 거라고.

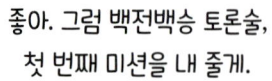

'호랑이에게 말 잘하는 능력이 있다고?'

전래 동화에 나오는 호랑이 중에 인간만큼 똑똑한 호랑이가 있긴 했지만, 대화술과 발표술, 거기에 토론술까지 가르쳐 주는 호랑이라니. 인기훈은 의심을 숨기기 위해 일부러 크게 놀란 듯이 말했다.

"그렇구나! 호야 님, 대단하시네요."

물론 호야 님은 인기훈이 속이 훤히 들여다보이는 거짓말을 하고 있는 줄 알았지만, 좀 더 지켜보기로 했다. 호야 님이 미소를 띠며 첫 번째 미션을 설명했다.

엉뚱한 주동희의 질문에 호야 님이 웃으며 대답했다.

"아니, 토론 주제."

호야 님이 말한 주제는 '대화나 연구 따위에서 중심이 되는 문제'를 뜻하는 것이었다.

"아, 토론 주제!"

주동희가 그제야 고개를 끄덕이자, 호야 님이 설명을 이었다.

"오늘이 목요일이니까 이틀 후 토요일 오후 2시에 모여서 각자 조사한 것을 발표하기로 하자. 조사를 잘해 와서 미션에 성공하면 멋진 선물을 하나씩 주지."

"선물이요?"

주동희와 고미래가 호야 님의 말을 듣고 좋아라 하자, 인기훈은 도대체 무슨 선물이기에 이렇게나 좋아하는지 궁금했다.

잠시 후, 집에 온 주동희는 고민에 빠졌다.

'뭘 조사해야 할까?'

인터넷이나 책을 찾아보는 것도 좋은 방법이겠지만, 누구나 아는 이야기 말고 좀 더 생생한 이야기, 특별한 이야기를 찾고 싶었다. 그러다 할머니가 어렸을 때부터 들려준 범우산의 호랑이 이야기가 생각났다.

"그래, 할머니께 여쭤보자."

할머니는 신기리에서 태어나 무려 87년을 사신 분이니, 범우산에 대해 아는 산 증인이지 않겠는가. 주동희는 곧바로 할머니 방으로 가서 부탁했다.

"범우산이 왜 범우산인지 아니?"

"산이 높고 험해서 호랑이가 많이 살았는데 산과 마을이 가깝잖니. 그래서 호랑이의 옛말인 '범'과 벗 '우'를 함께 써서 범우산이라 부른 거지."

"그럼 할머니도 호랑이 본 적 있어요?"

"나는 본 적 없단다. 하지만 내가 어렸을 때 범우산 깊은 곳에 호랑이가 산다고 사람들이 호랑이를 잡으려고 산 구석구석을 뒤지고 다녔거든. 그런데 신기하게도 안개가 자욱하게 끼더니, 거의 한 달 내내 안개로 뒤덮여 결국 안개 때문에 사람들도 호랑이 잡는 걸 포기했다고 하더라고. 그러니 아직 한두 마리쯤은 남아 있지 않겠냐는 거지."

"우아, 진짜 신기한 일이네요."

주동희는 감탄하며 생각했다.

'호야 님도 안개 덕분에 살아남은 거구나! 안개는 범우산 산신이 만든 걸까? 아니면 천신이?'

할머니가 이야기를 이었다.

"그래서 우리 마을 사람들은 범우산을 아주 신묘한 산이라고 생각하고, 마을의 수호산으로 모셔 왔지. 범우산 덕분에 6·25 전쟁 때도 우리 마을 사람들은 살아남았단다."

"정말요?"

주동희가 눈이 동그래져 묻자, 할머니가 진지하게 말했다.

"멋지다! 정말 범우산이 우리 마을을 지켜 준 거네요."

"그렇다니까. 그런데 터널을 뚫어서 길을 낸다고 하니, 참 걱정이야, 걱정."

할머니가 혀를 끌끌 차며 말하자, 주동희가 물었다.

주동희가 주먹을 불끈 쥐며 말했다.

"알았어요, 할머니. 제가 범우산을 지킬게요."

"그래, 우리 동희가 나서면 되겠네. 하하하."

할머니가 기분 좋은 듯 크게 웃었다. 주동희는 마음속으로 한 번 더 다짐했다.

'범우산도 지키고, 마을도 지키고, 호야 님도 꼭 지킬게요.'

한편, 고미래는 인터넷 기사와 각종 글들을 검색하며 터널을 지었을 때 환경이 얼마나 파괴되는지, 동식물에는 어떤 영향을 미치는지에 대한 자료를 찾아보았다. 그런데 터널을 만들려면 폭발물을 사용해 발파 작업을 해서 산에

구멍을 뚫어야 하는데, 그러면 그곳에 사는 수많은 동식물이 희생되고, 살아남은 동식물들도 순식간에 삶의 터전을 잃게 된다는 것을 알게 됐다.

또 그뿐만 아니라, 터널을 짓는 동안 엄청난 소음과 먼지가 발생하고, 터널이 지어진 후에도 자동차 배기가스와 소음으로 인해 환경이 파괴되어 사람들에게도 나쁜 영향을 미친다는 것이다. 고미래는 조사한 내용을 꼼꼼하게 정리했다.

그 시간, 인기훈도 호야 님이 내준 첫 번째 미션에 대해 생각하고 있었다. 호야 님과 주동희, 그리고 고미래는 터널을 짓는 것에 반대하는 입장인 것 같은데, 인기훈은 생각이 달랐다.

인기훈은 터널을 뚫고 마을을 개발하는 게 더 나은 선택이 아닐까 생각했다. 그러다 문득 할머니가 받아온 팸플릿이 생각났다. '신기리 발전을 위한 청년 모임'에서 만든 것이었다.

팸플릿에는 범우산 터널을 뚫었을 때 어떤 경제적인 이익을 기대할 수 있는지에 대해 줄줄이 쓰여 있었다. 범우산과 연계해 마을의 역사 깊은 장소들을 관광지로 개발할 수 있고, 관광객들이 많아지면 식당이나 편의 시설 등을 만들어 장사를 할 수 있으니, 마을 사람들의 소득이 높아질 거라는 내용이었다. 인기훈은 이렇게만 되면 마을 사람들이 더 부자가 될 수 있을 거라는 생각이 들었다. 그런데 그때 눈에 띄는 문구가 있었다.

인기훈은 구미남의 말대로 호야 님이 호랑이가 분명하다는 결론을 내렸다. 그리고 위험을 무릅쓰고 주동희의 제안을 받아들인 덕분에 호야 님의 정체를 알게 되었으니, 역시 '호랑이를 잡으려면 호랑이 굴에 들어가야 한다.'라는 옛말이 딱 맞다는 생각이 들었다.

그런데 다음 날이었다. 인기훈이 학교에 갔는데, 아이들이 이영훈 주위에 와글와글 몰려 있었다. 무슨 일인지 궁금해서 보니, 이영훈이 최신식 블루투스 이어폰을 자랑하고 있었다.

"이거 완전 최신식이야. 지난주에 나온 따끈따끈한 제품이지."

이영훈의 말에 허진수가 부러운 표정으로 만져 보려 했다.

인기훈은 당황했다. 이어폰을 잃어버린 게 아니라, 가방 속에 있었다는 사실을 아이들에게 말하지 못했기 때문이다. 또 잃어버렸다고 해도 아빠한테 새 이어폰을 사 달라고 말할 형편도 못 되는 상황이었다. 인기훈은 김은희가 진짜 궁금해서 물어보는 것인지, 아니면 자신이 거짓말한 것을 알고 일부러 물어본 것인지 판단이 안 섰다. 그래서 인기훈은 일단 둘러댄다는 것이,

"사, 샀지. 이제 곧 미국에서 올 거야."

하고 또 거짓말을 해 버렸다. 그런데 그 순간, 아이들의 표정이 싸늘해지는 것이 아닌가. 인기훈이 거짓말을 하고 있다는 것을 다 아는 것처럼 말이다. 인기훈은 가슴이 덜컥 내려앉았다.

'설마? 모두 거짓말인 걸 아는 거야?'

인기훈은 낙담했다. 이제 아이들에게 따돌림을 당할 일만 남았으니 말이다.

난 이제 끝이야….

토론은 논설문의 말하기

토론이 상대방을 설득시키기 위한 말하기라면 논설문은 상대방을 설득시키기 위한 글쓰기예요. 상대방을 설득하는 글인 논설문을 잘 쓸 수 있다면 상대방을 설득하는 말하기인 토론도 잘할 수 있어요. 논설문은 어떤 구조로 이루어져 있는지, 또 어떤 내용이 들어가야 하는지 알아볼까요?

★ 논설문은 크게 서론, 본론, 결론 세 부분으로 나뉘어 있어요. 예를 통해 각 부분에는 어떤 내용이 들어가는지 알아봅시다.

▶ 서론: 문제 상황 제시 + 주장 펼치기

서론에서는 주제와 관련하여 일어나고 있는 문제 상황을 먼저 이야기합니다. 그리고 이 문제에 대한 자신의 주장을 이어서 이야기합니다.

문제 상황 제시	2022년에 실시된 스마트폰 실태 조사에서 무려 23.6%의 사람들이 스마트폰에 의존하는 정도가 위험 수준인 것으로 나타났다. 특히 청소년의 경우 40.1%로 다른 나이대보다 더 심각한 수준인 것으로 나타났다. 청소년들의 스마트폰 중독이 점점 심각해지고 있다.
주장 펼치기	청소년들의 스마트폰 사용 시간을 줄여야 한다.

▶ 본론: 근거 제시 + 뒷받침 자료 소개

본론에서는 내 주장에 알맞은 근거를 제시해요. 근거는 많을수록 좋지만 세 개에서 네 개 정도가 적당해요. 그리고 근거를 뒷받침할 수 있는 여러 자료를 소개해요.

근거 제시	스마트폰은 건강에 나쁜 영향을 미친다.
뒷받침 자료 소개	스마트폰을 장시간 사용하면 눈 건강에 나쁜 영향을 주게 되어 시력이 떨어질 수 있다. 그뿐만 아니라 스마트폰을 보느라 장시간 고개를 숙이기 때문에 거북목 증후군이 생길 수 있고, 무거운 스마트폰을 오래 들고 있으면 손목 터널 증후군의 위험도 높아진다고 한다.

★ 위 주장을 뒷받침하는 다른 근거를 인터넷, 신문, 책 등에서 찾아보고 그 자료 내용을 적어 봅시다.

근거 제시	
뒷받침 자료 소개	

▶ **결론: 요약하기 + 주장 강조하기**

　결론에서는 본론에서 이야기한 근거와 뒷받침 자료를 요약하고, 내 주장을 다시 한번 강조해요.

요약하기	스마트폰을 오래 사용하면 건강이 나빠질 뿐만 아니라 집중력이 떨어져 공부에도 영향을 주게 된다. 또, 스마트폰을 보느라 다른 사람과 대화에 집중하지 못해 친구 관계에 영향을 줄 수도 있다.
주장 강조하기	청소년들의 스마트폰 사용 시간을 줄여야 한다.

주장을 뒷받침하기 위해 어떤 자료를 쓰는 것이 좋은지는 다음 4장에서 확인하세요.

4장

정체를 들키다!

강현아의 말에 인기훈은 어안이 벙벙했다. 아이들의 시선이 달라진 이유가 주동희가 떠벌려서가 아니라, 이어폰을 잃어버렸다고 거짓말을 한 것 때문이라는 것인가. 인기훈은 너무 창피해서 쥐구멍에라도 들어가고 싶은 심정이었다. 하지만 여전히 사실대로 말할 용기는 없었다. 그래서 또 거짓말을 했다.

강현아가 덧붙여 의견을 냈다.
"애들한테 사실대로 말해. 그럼 오해가 풀릴 거야."
"알았어. 기회 봐서 말할게. 고마워."
알겠다고 대답을 하긴 했는데, 인기훈은 또 거짓말을 하려니 마음이 무거워졌다. 그런데 거짓말 한 번 했다고 아이들의 태도가 갑자기 달라졌다는 게 이해되지 않았다.

'주동희가 우리 집 이야기를 한 게 분명해.'

인기훈은 주동희에 대한 의심을 버릴 수 없었다. 그런데 수업이 끝나고 교문을 나설 때였다.

"기훈아!"

귀에 익은 목소리에 고개를 돌려 보니, 이게 누군가! 아빠였다. 1년 만에 보는 아빠의 모습에 인기훈은 눈물이 핑 돌았다.

"아빠!"

인기훈은 달려가 아빠 품에 와락 안겼다. 아빠도 반가워 인기훈의 등을 쓰다듬으며 말했다.

아빠는 미국에 있어야 하는데, 학교에 갑자기 나타나다니! 게다가 아빠의 차림새를 보니, 작업복을 입고 있었다. 어디를 봐도 미국에서 사업을 하는 사람으로는 보이지 않았다. 인기훈은 아빠의 팔을 잡고 황급히 말했다.

인기훈은 아이들에게 아빠를 보여 주기 싫어서 도망치는 자신이 미웠다. 예전이라면 늘 자랑하고 싶은 멋진 아빠였다. 아니, 지금도 아들을 세상에서 제일 사랑하는 좋은 아빠다. 그런데 자신이 한 거짓말 때문에 아빠를 창피하게 여기는 아들이 되었으니, 아빠가 이 사실을 알면 얼마나 속이 상하겠는가. 인기훈은 눈물이 나오려는 것을 꾹 참고 집으로 갔다. 집에 도착하자, 할머니가 맨발로 나오며 아빠를 반겼다.

"아이고, 이게 얼마 만이냐! 어서 와라, 어서 와."

　인기훈도 학교에서 벗어나자 마음이 편안해졌다. 인기훈은 할머니와 아빠와 함께 오랜만에 즐거운 시간을 보냈다.

그런데 다음 날이었다. 백전백승 토론술 첫 번째 미션을 확인받기 위해 인기훈이 신기 문구점으로 가고 있을 때였다.

"결정했어?"

갑작스러운 소리에 보니, 구미남이었다.

"놀랐잖아요."

인기훈의 말에 구미남이 대수롭지 않은 표정으로 말했다.

"놀라기는…. 너 지금 문구점 가지?"

"네."

인기훈이 대답하자, 구미남이 말했다.

"그럼 오늘 촬영하는 거 어때? 이따 끝나고 집에 간다고 나온 다음에 바로 문구점 뒤로 와. 산으로 올라가는 길 알지?"

인기훈은 구미남을 보자, 어젯밤에 호야 님의 정체를 밝혀 주동희를 거짓말쟁이로 몰아야겠다고 결심했던 것이 생각났다.

 인기훈은 마음을 다잡으며 문구점으로 발길을 재촉했다. 문구점에 가자, 주동희와 고미래는 벌써 와 있었다. 호야 님이 아이들에게 말했다.

 "자, 그럼 첫 번째 미션, 주제 파악하기. 각자 조사해 온 것을 얘기해 볼까?"

"와!"

고미래도 잘했다고 박수를 쳐 주었다. 그런데 인기훈만 아무 말도 안 하고 가만히 있었다. 주동희의 발표도, 호야 님의 가르침도 마음에 들지 않은 것처럼 말이다. 호야 님이 고미래와 인기훈을 보며 물었다.

"이번에는 누가 할래?"

"제가 할게요."

고미래가 나섰다. 고미래는 조사한 자료를 보여 주며 산에 터널을 뚫었을 때 어떤 문제가 발생하는지 설명했다. 그리고 자신의 생각을 덧붙였다.

호야 님이 주동희의 의견에 동의했다.

"좋은 생각이야. 근거를 말할 때는 말로만 하는 것보다 관련 자료를 보여 주면 더 좋거든. 그림이나 기사, 도표 같은 것으로 눈에 띄게 정리해서 보여 주는 거지."

호야 님과 주동희, 고미래는 죽이 척척 맞아 신나게 의견을 주고받았다. 호야 님이 인기훈의 눈치를 살피며 말했다.

이게 무슨 자다가 봉창 두드리는 소리인가. 주동희가 황당한 표정으로 말했다.

"무슨 소리야. 터널 뚫는 것에 반대하는 주장을 해야지."

호야 님이 주동희를 말렸다.

"잠깐. 먼저 왜 그렇게 생각하는지 들어 보자. 기훈아, 너의 주장에 대한 근거를 말해 봐."

인기훈은 터널을 뚫으면 마을에 얼마나 많은 경제적인 효과가 생기는지 설명했다.

"이렇게 이익이 더 많은데, 터널을 뚫어야 하는 거 아닌가요?"

"그래, 충분히 설득력 있는 주장이야."

호야 님이 고개를 끄덕이며 말하더니, 아이들에게 설명했다.

"그럼 상대 팀이 어떤 주장을 하고 어떤 근거를 댈지 알고 있는 게 좋겠네요?"

고미래가 호야 님의 말의 의도를 이해하고 묻자, 호야 님이 설명을 이었다.

주동희와 고미래가 손뼉을 치며 좋아하자 인기훈은 당황했다. 반대되는 의견을 준비해 왔으니 마음에 안 들어 할 줄 알았기 때문이다. 게다가 구미남과 함께 호야 님의 정체를 밝히기 위한 계략까지 세웠는데, 이렇게 좋아하고 칭찬까지 해 주다니. 그런데 그때, 호야 님이 건빵을 한 봉지씩 나눠 주며 말했다.

"미션에 성공했으니, 약속대로 선물을 줄게. 봉지 안을 보면 별사탕이 한 개씩 들어 있어."

고미래가 호기심 가득한 표정으로 물었다.

"별사탕이요? 어떤 때 쓰는 건데요?"

주동희와 고미래는 좋아서 입이 함박만 하게 벌어졌다. 하지만 인기훈은 못 믿겠다는 표정으로 물었다.

"정말 그게 가능해요?"

호야 님이 씩 웃으며 대답했다.

"못 믿겠지? 그런데 너도 곧 믿게 될 거야."

'둔갑술을 쓰는 호랑이니까, 요술도 부릴 수 있는 건가?'

인기훈이 생각에 빠져 있는데, 호야 님이 말했다.

"월요일에는 백전백승 토론술, 두 번째 미션을 내 줄게. 월요일에 보자."

"네, 감사합니다."

아이들이 인사를 하며 일어나는데, 인기훈은 창문 밖에 서 있는 구미남과 눈이 마주쳤다. 구미남은 손으로 나오라는 신호를 보냈다. 아까 계획했던 일을 실행하려는 것이다. 인기훈은 알겠다는 눈빛을 보내고, 아이들과 함께 문구점을 나왔다. 그리고 티를 내지 않으려고 일부러 문득 생각난 것처럼 말했다.

주동희와 고미래는 의심하지 않고 먼저 갔다. 인기훈은 얼른 약속 장소로 발길을 돌렸다. 한편 그 시간, 호야 님은 동물적 감각으로 이상한 낌새를 느꼈다.

'이건 구렁이 냄새!'

호야 님은 냄새를 따라 뒤쪽 창문으로 갔다. 그런데 창문 밖에 숨어 있던 구미남이 후다닥 도망을 치는 게 아닌가. 호야 님은 창문을 열고 소리쳤다.

"구렁이 너, 거기 서!"

호야 님은 순식간에 호랑이로 변해 구미남을 붙잡았다.

 구미남이 혀를 날름거리며 약을 올리더니, 호야 님의 뒤쪽을 쓱 보며 물었다.

 "어때? 잘 찍혔지?"

 잘 찍혔냐니, 이게 대체 무슨 소리인가. 호야 님이 당황해서 황급히 뒤를 돌아보니, 인기훈이 휴대 전화로 동영상을 찍고 있는 것이었다.

 "기훈아!"

 호야 님이 너무 놀라 자신이 호랑이 모습인지 잊어버리고 인기훈에게 다가가자, 인기훈이 덜덜 떨면서 말했다.

 "오, 오지 마세요."

호야 님은 인기훈이 겁먹은 것을 알아차리고는 얼른 다시 사람으로 둔갑해서 말했다.

호야 님은 인기훈이 자신과 구미남이 둔갑하는 모습을 직접 목격했으니 얼마나 놀랐을까 걱정이 됐다. 그러나 인기훈은 뒷걸음을 치며 있는 힘을 다해 소리를 질렀다.

"오지 말라고요!"

그러더니 그대로 도망을 치는 것이 아닌가. 그러자 호야 님에게서 벗어나 나무 꼭대기까지 올라간 구미남이 신이 난 목소리로 말했다.

"이제 곧 사람들이 잡으러 올 테니 도망가는 게 좋을 거예요. 헤헤헤."

"휴!"

호야 님은 절망해 한숨을 쉬었다. 이제 산신이 되는 것은 물론이고, 천신의 명을 수행하는 것도, 또 아이들이 토론 대회에 나가는 것을 도와주는 것도 모두 틀려 버렸으니 말이다.

토론 자료 준비

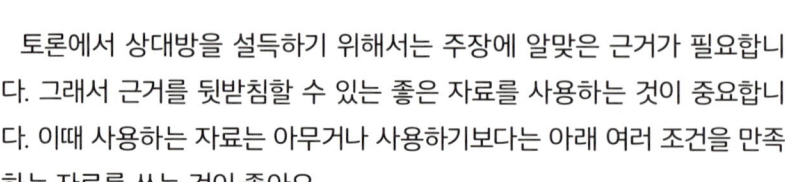

    토론에서 상대방을 설득하기 위해서는 주장에 알맞은 근거가 필요합니다. 그래서 근거를 뒷받침할 수 있는 좋은 자료를 사용하는 것이 중요합니다. 이때 사용하는 자료는 아무거나 사용하기보다는 아래 여러 조건을 만족하는 자료를 쓰는 것이 좋아요.

★ **믿을 만한 자료를 사용하기**

    토론할 때 사용하는 자료는 믿을 만한 곳에서 가져온 자료를 써야 해요. 옆집 친구, 아는 형이 말한 내용을 자료로 사용하면 상대방을 설득시키기 어려워요. 신뢰할 수 있는 전문가의 의견이나 인터뷰 내용을 사용하거나 신문이나 뉴스 기사, 실제 연구 결과, 전문 기관에서 실시한 설문 조사 결과 등을 활용하는 것이 좋아요. 쉬운 예로 정확한 내용을 전달해야 하는 뉴스에서 전문가의 의견이나 공식적인 자료를 사용하는 것처럼요.

★ **주제와 관련 있는 자료를 사용하기**

    아무리 믿을 만한 자료라고 하더라도 주제와 관련 없는 자료라면 상대방을 설득할 수 없어요. 예를 들어, 고양이를 키워야 한다고 주장하는 데 강아지를 좋아하는 사람의 비율을 보여 주는 자료를 사용하면 안 되겠죠? 만약 인터넷 검색으로 자료를 찾는다면 고양이와 관련된 고양이 특징, 고양이와 강아지 차이점, 고양이를 키우면 좋은 점 등 여러 가지 검색어를 이용하는 것이 좋아요.

★ 어디에서 가져온 자료인지 밝히기

　자료를 사용할 때는 항상 어디서 가져온 자료인지 출처를 밝혀야 해요. 토론할 때는 '○○ 대학교 ○○○ 박사의 말에 따르면', '○○ 뉴스 ○월 ○일 기사에 따르면', '○○ 대학교의 연구 결과에 따르면'과 같이 출처를 밝혀 주는 것이 좋아요.

★ 다양한 곳의 자료를 쓰기

　한곳에서만 찾은 자료를 쓰는 것은 설득력을 떨어뜨릴 수 있어요. 여러 곳에서 관련 주제를 찾아보고 다양한 자료를 사용하는 것이 좋아요. 여러 가지 자료를 찾으면서 내가 찾은 자료가 정확한지 스스로 확인도 할 수 있고, 몰랐던 내용을 찾을 가능성도 높기 때문이에요.

★ 가장 최근 자료를 쓰기

　최근 청소년의 스마트폰 사용 문제를 이야기하는 토론 자리에서 10년 전 청소년들의 스마트폰 사용 정도를 보여 주는 오래된 자료를 사용하면 설득력이 떨어져요. 자료와 지금 상황이 다를 수도 있겠죠. 그래서 최대한 최근에 발표된 자료를 사용하는 것이 좋아요. 최근의 자료가 없다면 적어도 3~5년 안에 만들어진 자료를 쓰도록 하세요.

★ 표나 그래프 같은 시각 자료를 사용하기

　토론은 상대방을 말로 설득하는 것이지만 말뿐만 아니라 시각적으로 볼 수 있는 자료를 사용하면 설득에 도움이 돼요. 자료를 말로만 설명하는 것보다는 그림이나 사진, 표나 막대그래프, 꺾은선 그래프, 띠그래프, 원그래프 등의 시각적인 자료를 사용하면 상대방이나 관객이 자료를 곧바로 이해하는 데 도움을 줄 수 있어요.

나의 주장과 다르더라도 토론 주제와 관련된 다양한 자료를 찾아보는 것이 내가 펼칠 근거를 명확하게 하는 데에도 도움을 줍니다.

★5장★

진실의 별사탕

인기훈은 집으로 도망쳤다. 호랑이로 변하는 호야 님도 무서웠지만, 구렁이로 변하는 구미남도 무서웠기 때문이다. 인간으로 둔갑한 동물들이라니! 정말 눈으로 보고도 믿어지지 않았다.

구미남의 계획대로라면 인기훈은 이 동영상을 증거로 내밀며 호야 님이 인간으로 둔갑한 호랑이이니 빨리 잡아 가두라고 경찰서에 신고해야 한다. 그런데 인기훈은 구미남이 호야 님의 정체를 밝히라고 왜 자신을 꼬드겼는지 알게 됐다. 호야 님이 아닌 구미남 자신이 범우산의 산신이 되기 위한 것이었음을 말이다.

'나를 이용한 거네.'

인기훈은 배신감이 들었다. 자신의 목적을 달성하기 위해, 인기훈이 아이들에게 거짓말한 것을 약점으로 잡고 인기훈을 위하는 척하며 부추겼으니 말이다.

'어디서부터 어디까지가 거짓말인 거야?'

인기훈은 구미남을 믿을 수 없게 됐다. 그리고 인기훈은 주동희와 고미래가 떠올랐다. 고미래는 인기훈에게 호야 님의 정체에 대해 듣고도 크게 신경 쓰지 않았다. 오히려 주동희와 함께 인기훈을 호야 님에게 데리고 갔다.

호야 님의 정체를 알고도 상관없다는 거잖아. 어떻게 아무렇지 않을 수 있지?

호야 님에 대해 자신이 모르는 뭔가가 또 있는 것은 아닐까? 인기훈은 고민 끝에 주동희에게 물어봐야겠다고 결심했다. 이 모든 일에 주동희가 연관되어 있으니 말이다.

주동희가 도착하자마자 인기훈은 동영상을 보여 주었다. 동영상을 보고 놀란 주동희를 향해 인기훈이 날이 선 목소리로 말했다.
"사실대로 말해. 그렇지 않으면 이 동영상을 갖고 경찰서에 갈 수밖에 없어. 호야 님이 너를 잡아먹으려고 해서 대신 고미래를 제물로 데려간 거야?"

 주동희는 호야 님이 산신이 되기 위해 이제까지 인간을 잡아먹지 않았으며, 앞으로도 절대 그런 일은 없다고 말해 주었다. 인기훈은 아까 호야 님이 자신의 모습을 찍고 있는데도 인기훈이 놀랐을까 봐 걱정해 주던 모습이 떠올랐다. 또 토론 공부를 할 때도 계속 삐딱하게 구는 자신을 너그럽게 봐주고 칭찬해 주던 모습도 생각났다. 인기훈은 주동희의 말이 사실이라는 생각이 들었다. 하지만 아직 완전히 믿을 수는 없었다. 그래서 인기훈이 다시 물었다.

주동희가 고개를 갸웃하더니, 이내 생각난 듯이 말했다.

"이어폰 안 잃어버렸는데, 잃어버렸다고 했다며. 그리고 네가 아이들 물건 빌려 가서 잘 돌려주지 않는다고 불만이 많긴 했는데…. 그것 때문에 그런 거 아닐까?"

인기훈은 그제야 물건을 빌려 달라고 했을 때, 아이들의 싫어하던 표정들이 생각났다. 그러니까 아이들이 달라진 건 주동희 때문이 아니라, 자신의 잘못된 행동 때문이었던 것이다.

'그것도 모르고 난 주동희한테 복수하겠다고 한 거네!'

또 구미남은 이 모든 사실을 알면서도 인기훈의 복수심을 이용하기 위해 거짓말한 것임을 깨달았다. 인기훈은 구미남에게 이용당한 자신이 바보 같고 한심하다는 생각이 들었다. 주동희가 인기훈의 표정을 살피며 물었다.

주동희는 인기훈에게 심경의 변화가 생긴 것 같아 더 이상 아무 말도 하지 않았다. 그리고 호야 님이 염려되어 신기 문구점으로 달려갔다. 그런데 호야 님이 문구점을 정리하고 있는 것이 아닌가.

 호야 님은 자신을 걱정해 주는 주동희의 마음이 느껴져 진심으로 고마웠다. 그래서 주동희의 말을 믿고 좀 더 기다려 보기로 했다.

 그 시간, 인기훈은 호야 님이 첫 번째 미션을 내 줬을 때의 일이 떠올랐다. 주동희는 '주제 파악하기'가 자기 주제를 파악하는 거냐고 물었다. 그때는 엉뚱한 소리를 하는 주동희가 실없어 보였는데, 이제 보니 자신이 지금 해야 할 일이라는 생각이 들었다. 자신의 처지를 정확하게 파악하고, 앞으로 어떻게 행동해야 할지 결정해야 한다는 생각이 든 것이다.

 '이게 다 내가 거짓말을 했기 때문이야.'

애초부터 거짓말을 하지 않았다면 일어나지 않았을 일이 아니었던가. 처음에는 작은 거짓말이었던 것이 그 거짓말을 덮기 위해 다시 또 거짓말을 하고, 다시 또 거짓말을 하면서 눈덩이처럼 불어나 버렸으니 말이다. 인기훈은 이 상황이 너무나 괴로워 처음으로 다시 되돌리고 싶은 마음이 들었다. 하지만 어떻게 해야 할지 방법도, 용기도 나지 않으니 어찌한단 말인가.

그런데 월요일에 학교에 가자, 아이들이 인기훈에게 몰려들었다. 먼저 이민아가 물었다.

"기훈아, 하교할 때 교문 앞에 있던 분 너희 아빠야?"

"어? 어…."

인기훈은 가슴이 덜컥 내려앉았다. 드디어 올 게 왔다는 생각이 들었다. 그러나 아무리 상황이 곤란하다 해도 아빠를 아빠가 아니라고 할 수는 없는 일이 아닌가.

"맞아, 우리 아빠야."

이민아가 의심스러운 눈초리로 다시 물었다.

"너희 아빠 미국에 계신다며. 어떻게 된 거야?"

인기훈은 선뜻 대답할 수 없었다. 여기서 또 거짓말을 하면, 아이들은 아빠의 누추한 모습에 대해 의아하게 생각할 것이다. 그럼 또 거짓말을 해야 하는데…. 뭐라고 해야 할까? 그런데 김은희가 날카로운 목소리로 콕 집어 물었다.

　인기훈은 당황해 얼굴이 빨개졌다. 그리고 아무 대답도 못 하고 있는데, 그때였다.

　"너희들은 남의 일에 뭐가 그렇게 관심이 많아? 할 일들도 없다."

　인기훈이 놀라서 보니, 주동희였다. 고미래도 같이 나서며 인기훈 편을 들었다.

　"말 못 할 사정이 있을 수도 있지. 친구인 우리가 의심부터 하면 어떡해, 안 그래?"

　반장인 강현아도 나섰다.

　"선생님 오실 시간 됐어. 다들 자리로 가."

아이들은 입을 삐죽이며 각자의 자리로 돌아갔다. 상황은 그렇게 마무리되었으나, 인기훈은 내내 창피하고 속이 상했다.

'이제 모두 나를 싫어할 거야….'

어떻게 학교생활을 해야 할지 앞날이 깜깜했다. 그런데 문득 첫 번째 미션 통과 후에 호야 님이 준 선물이 생각났다. 바로 '진실의 별사탕.' 진실을 말해야 하는데 용기가 없을 때 먹으면 진실을 말할 용기가 생긴다고 했다. 그리고 정말 그게 가능하냐는 자신의 질문에 호야 님은 곧 믿게 될 거라고 말했다. 인기훈은 뒤늦게 호야 님이 자신을 위해 별사탕을 준 것임을 깨달았다.

호야 님은 다 알고 있었던 거야. 내가 거짓말을 한 것, 그리고 이런 상황이 올 것까지….

점심시간이 되자, 인기훈은 건빵 봉지에서 진실의 별사탕을 꺼내 먹었다. 달콤한 사탕이 입안에서 녹자, 마음이 훨씬 편안해졌다. 그리고 정말 진실을 말할 용기가 솟아나는 게 느껴졌다.
'그래, 이제 솔직하게 말하고 용서를 구하자!'
인기훈이 교실 앞으로 나가 서자 아이들이 무슨 일인가 하고 쳐다봤다. 인기훈은 마침내 용기를 내어 고백했다.

아이들은 아무런 말도 못 하고 인기훈만 쳐다보고 있는데, 이번에도 주동희가 나서서 먼저 말해 주었다.

"그래, 그렇지."

아이들도 흔쾌히 동의해 주었다. 인기훈은 말하고 나니, 오히려 마음이 홀가분했다. 이제 다시 당당하게, 눈치 안 보고, 거짓말도 안 하고 지내게 되었으니 말이다. 인기훈은 호야 님과 주동희, 그리고 고미래에게 진심으로 고마운 마음이 들었다.

"호야 님, 저희 왔어요!"

아이들이 환하게 웃으며 문구점에 들어오자, 호야 님은 모든 문제가 해결되었다는 것을 눈치챘다.

어서 와. 기다리고 있었어.

진실의 별사탕 덕분에 용기 내어 말할 수 있었어요. 감사합니다.

"별사탕을 먹겠다고 마음먹은 순간, 용기는 네 안에서 나온 거야."

호야 님의 말에 인기훈은 호야 님이 얼마나 좋은 사람, 아니 호랑이인지 확실히 알게 됐다. 인기훈이 마음을 털어놓았다.

"동영상은 지웠어요. 걱정 안 하셔도 돼요."

인기훈은 사실 토요일 밤에 동영상을 이미 지웠다. 호야 님과 구미남 사이의 일인데 끼어들기 싫었기 때문이다.

"그래, 고마워."

호야 님이 인사하자, 주동희와 고미래도 마음 놓고 밝게 웃었다.

"아, 그래서 말꼬리 잡기!"

주동희가 이해가 간다는 표정으로 말하자, 호야 님이 설명을 이었다.

"이제부터 진짜 '반론하기'를 해 볼 건데, 동희와 기훈이는 터널 뚫는 것에 찬성하는 팀, 나와 미래는 반대하는 팀이 되는 거야. 자, 먼저 나와 미래가 환경 파괴와 범우산은 우리 마을의 수호산이라는 근거를 들어 터널을 뚫는 것에 반대한다고 주장했어. 이제 동희와 기훈이가 문제 제기를 해 봐."

"그럼 질문하겠습니다."

주동희가 손을 번쩍 들자, 호야 님이 허락했다.

그러자 고미래가 당황해 호야 님을 쳐다봤다. 주동희의 말도 맞다는 생각이 들었기 때문이다. 호야 님이 대신 대답했다.

이렇게 똑똑하고 현명한 호랑이라니. 아이들은 호야 님이 정말 산신이 될 자격이 있다는 생각이 들었다. 호야 님이 이번에는 고미래에게 물었다.

"동희랑 기훈이 팀이 경제적인 효과를 근거로 터널을 뚫어야 한다고 주장했어. 어떤 문제 제기를 해야 할까?"

고미래는 고개를 끄덕이더니 다시 질문했다.

"경제적인 효과가 크다고 말씀하셨는데, 모두 추측 아닙니까? 실제로 터널을 뚫어서 경제적으로 큰 이익을 얻은 사례가 있다면 보여 주십시오."

고미래의 날카로운 요구에 주동희와 인기훈은 당황했다. 사례를 찾아놓지 않았기 때문이다. 인기훈이 머뭇거렸다.

"그, 그건…."

"준비한 자료가 없다고 솔직하게 말하면 돼."

호야 님이 알려 주자, 인기훈이 그대로 말했다.

"죄송하지만 그 부분은 준비한 자료가 없습니다."

그런데 주동희가 신이 나서 말했다.

아이들은 서로 번갈아 질문을 하고 대답을 하며 점차 토론하는 자세를 익힐 수 있었다. 또 토론이 재미있어지기도 했다. 한참을 토론한 끝에, 호야 님이 만족한 표정으로 물었다.

호야 님이 고개를 끄덕이며 설명했다.

"그렇지. 주장 펼치기를 할 때는 논설문을 쓸 때와 비슷한 구조로 하면 돼. 서론에는 문제 상황을 제시하고 나의 주장을 펼치고, 본론에서는 근거와 뒷받침 자료를 보여 주고, 마지막 결론에서는 본론을 요약하고, 내 주장을 한번 더 강조하면 되지."

"알겠어요. 잘 준비해 볼게요."

고미래가 말하자, 호야 님이 미션 결과를 발표했다.

"자, 그럼 두 번째 미션, 말꼬리 잡기는 막상막하였으니까… 두 팀 다 통과!"

호야 님의 말에 모두 웃음이 터졌다.

"하하하."

인기훈은 함께 웃는 이 시간이 정말 고맙고 즐거웠다. 호야 님 덕분에 백전백승 토론술을 배울 수 있게 되었고, 또 왠지 진짜 친구들을 만난 것 같은 기분이 들었기 때문이다.

토론에 임하는 자세

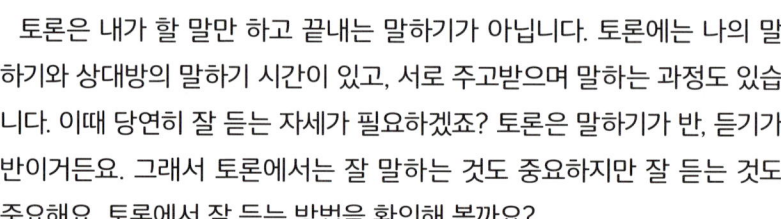

토론은 내가 할 말만 하고 끝내는 말하기가 아닙니다. 토론에는 나의 말하기와 상대방의 말하기 시간이 있고, 서로 주고받으며 말하는 과정도 있습니다. 이때 당연히 잘 듣는 자세가 필요하겠죠? 토론은 말하기가 반, 듣기가 반이거든요. 그래서 토론에서는 잘 말하는 것도 중요하지만 잘 듣는 것도 중요해요. 토론에서 잘 듣는 방법을 확인해 볼까요?

★ **상대방의 주장과 근거를 생각해 보기**

토론을 준비할 때 내가 해야 할 말만 생각하는 경우가 많아요. 하지만 토론은 내가 준비한 말만 하고 끝나지 않아요. 내가 한 말에 대해 상대방이 질문을 하고, 반대로 나도 상대방의 주장과 근거를 반박하고 질문할 수 있어야 합니다. 토론 주제가 정해졌다면 상대방의 입장이 되어서 어떤 근거를 들 수 있는지 미리 예상해 보세요. 나의 주장과 근거를 준비했듯이 상대방의 주장과 근거도 미리 조사해서 적어 보면 좋아요.

★ **상대방이 질문할 내용을 예상하기**

토론 순서 중 반론하기를 할 때 상대방이 나에게 한 질문에 제대로 대답하지 못한다면 어떨까요? 꿀 먹은 벙어리가 되어 아무 대답도 하지 못한다면 토론을 보는 사람들은 상대방에게 설득될 가능성이 높아지겠죠? 그래서 상대방이 내 주장과 근거에 대해 할 수 있을 만한 질문은 미리 뽑아 보고

대답과 자료도 미리 준비해 두면 좋아요. 물론 모든 질문을 예상할 수는 없지만 미리 예상한 질문이 실제로 나온다면 당황하지 않고 자신 있게 대답하거나 반박할 수 있을 거예요.

★ 잘 듣기

 토론을 하다 보면 내가 말할 것을 준비하거나 나의 자료를 정리하느라 상대방의 말을 듣지 않는 경우가 많아요. 상대방의 주장과 근거 중에 잘못된 부분은 없는지 잘못 사용한 자료는 없는지 찾아내려면 듣기가 반드시 필요해요. 잘 말하기 위해서는 잘 듣는 것이 우선이에요. 상대방이 이야기할 때는 상대방을 바라보고 경청하는 모습을 보여 주세요.

★ 끼어들지 않고 듣기

 토론에서 상대방이 하는 말을 들으며 자기 생각을 말할 수도 있지만 말을 끝마칠 때까지 기다렸다가 다음 순서에 말하는 게 좋아요. 말하는 도중에 하고 싶은 말이 생각났다면 메모해 두었다가 말하면 됩니다.

★ 확인하며 듣기

 토론 중에 가끔 상대가 한 말을 제대로 듣지 않아 딴소리를 하거나 오해를 하기도 합니다. 이럴 때는 상대가 한 말을 정리해서 물어보세요. 그러면 상대가 한 말이 맞는지 정확하게 대답해 줄 거예요.

★ 귀로만 듣지 않기

　상대방의 말을 들을 때는 내가 모든 내용을 잘 기억할 수 있을 것 같아요. 하지만 사람의 기억력은 무한하지 않기 때문에 내가 들었던 내용을 잊어버리는 경우가 생겨요. 아니면 내가 하려던 말을 까먹는 경우도 생기죠. 그래서 상대방이 말을 하고 있을 때, 상대방이 하는 말을 요약해서 정리하고 내가 할 말도 간단하게 적으면서 들어야 해요. 내가 적어 둔 내용을 다시 한번 확인하며 상대방의 주장을 반박하기 위한 질문도 찾는 거죠. 그러니 토론할 때는 종이와 펜을 반드시 준비하는 것이 좋겠죠?

잘 듣기 위해서는 어떻게 해야 할까요?

▶차례를 생각하면서 들어요.

▶요점과 결론을 정리하면서 들어요.

▶내 생각과 비교하면서 들어요.

▶주요 내용을 메모하면서 들어요.

▶주제에 맞는지 내용이 옳은지 생각하면서 들어요.

백전백승
토론술

드디어 토론 대회 날이 되었다. 아이들은 떨리는 마음으로 대회장에 갔다. 교장, 교감 선생님, 담임 선생님뿐만 아니라 군수님과 마을 어른들 그리고 친구들까지…. 온 동네 사람들이 모인 것 같았다.

주동희가 웃자, 고미래도 웃음을 터뜨렸다. 그런데 바로 그때, 사람들 사이에 있는 호야 님이 눈에 띄었다.

"호야 님이다!"

고미래가 먼저 발견해 손을 흔들자, 인기훈과 주동희도 손을 흔들며 반겼다. 호야 님도 파이팅 하라는 뜻으로 주먹을 불끈 쥐어 보였다. 사실 호야 님은 이 자리에 올까 말까 고민을 많이 했다. 인간과 똑같은 모습으로 둔갑한 호랑이긴 하지만, 아무래도 인간이 너무 많은 곳에 가는 것에는 두려움이 있기 때문이다. 하지만 아이들에게 백전백승 토론술을 가르치며 노력했던 순간들을 생각하니, 아이들이 토론하는 모습을 직접 보고 싶은 마음이 들어 용기를 냈다. 호야 님을 보고 나서, 고미래가 반지 낀 손을 내밀며 말했다.

셋은 마치 전기가 흐르듯 서로의 마음이 통하는 느낌이 들었다. 그리고 셋이 힘을 합치면 무엇이든 잘 해낼 수 있다는 자신감이 생겼다. 정말 '마음이 통하는 반지'가 맞나 보다.

잠시 후, 사회자가 나와 토론 대회의 시작을 알렸다.

"지금부터 토론 대회를 시작하겠습니다."

사람들이 박수를 치며 환호했다. 군수님의 간단한 인사 말씀과 함께 오늘의 토론 주제인 '범우산에 터널을 뚫어야 할까?'가 발표됐다. 또 신기 초등학교 대표로 나온 주동희, 고미래, 인기훈이 소개되고, 개오 초등학교 대표로 나온 세 명도 소개되었다. 먼저 개오 초등학교 팀의 '주장 펼치기'가 시작됐는데, 아이들이 예상했던 대로 경제적 효과를 근거로 드는 것이었다.

주동희는 얼른 입을 다물고, 개오 초등학교 팀의 주장과 근거를 꼼꼼하게 적어 가며 들었다. 그리고 드디어 신기 초등학교 팀의 순서가 되었다. 아이들은 그동안 호야 님과 연습한 주장 펼치기를 차분하게 시작했다.

"저희는 범우산에 터널을 뚫는 것에 반대합니다."

주동희가 자신의 주장을 이야기하고, 그 근거로 범우산이 예로부터 마을의 수호산 역할을 해 왔다는 것을 들었다. 그러자 고미래는 터널을 뚫었을 때 어떤 문제가 발생하는지 준비한 그림과 사진 등의 자료를 보여 주며 강조했다. 인기훈은 범우산의 천연기념물과 희귀 동식물의 사진을 보여 주며 자연환경은 인간의 전유물이 아니고, 인간과 동식물이 함께 누려야 하는 터전이라고 주장했다. 그러자 사람들이 웅성댔다.

"맞아, 범우산 수리부엉이도 유명하지."

"수달도 있잖아. 개체 수가 많이 줄어서 문제지."

"한계령풀은 산에 갈 때마다 보던 건데, 희귀 식물이었구나!"

호야 님은 주변 사람들이 하는 이야기를 들으며 뿌듯한 마음이 들었다. 사람들이 범우산의 동식물에 대해 관심을 갖게 되었으니 말이다. 주동희가 마지막으로 주장을 한 번 더 강조하며 주장 펼치기를 마쳤다.

"그러므로 저희는 범우산에 터널을 뚫어서는 안 된다고 생각합니다."

"와!"

박수가 터져 나왔다. 아이들은 안도의 한숨을 쉬었다. 일단 승기는 잡았으니, '반론하기'만 잘하면 승산이 있다. 사회자가 곧이어 말했다.

아이들은 깜짝 놀랐다. 호야 님과 말꼬리 잡기에서 했던 질문이 그대로 나왔으니 말이다. 아이들은 누가 답변할지 눈빛을 주고받았다. 인기훈이 나서기로 했다.

　인기훈이 차분하고 논리정연하게 답변하자, 상대 팀은 더 이상 할 말이 없는지 입을 다물었다. 또 아이들이 미리 준비한 질문을 했을 때도 상대 팀은 명확한 답변을 하지 못했다. 그렇게 반론하기 시간이 끝나고 각 팀에서 주장과 근거를 한 번 더 이야기하는 '주장 다지기'를 하고 나자, 드디어 판정 시간이 되었다. 심사 위원은 군수님과 각 학교 교장, 교감 선생님이었다. 이곳저곳에서 마을 사람들이 아이들을 응원했다.

　"신기리 아이들이 범우산에 대해 조사를 많이 했네."
　"개오리 아이들은 터널이 가져오는 경제 효과를 잘 설명했어."

그런데 입으로는 웃는데, 왜 눈물이 나는 건지. 아이들은 서로 부둥켜안고 기쁨의 눈물을 흘렸다. 그리고 다음 순간, 주동희가 화들짝 놀라며 말했다.

"어, 눈물! 나 기뻐서 눈물이 나!"

그러자 고미래가 눈물을 닦으며 말했다.
"나도! 너무 기쁘니까 정말 눈물이 나네."
"그러니까. 왜 눈물이 나지."
 인기훈까지 모두 세 명의 아이들이 한꺼번에 기쁨의 눈물을 흘린 것이다. 그런데 그 순간, 호야 님도 아이들을 바라보며 눈물을 흘리고 있었다. 아이들이 기뻐하는 모습을 보니, 너무 기쁘고 행복해 자기도 모르게 눈물이 나는 것이었다.
"정말 기쁜데 눈물이 나네. 나도 인간이 다 된 모양이야…."
 그리고 호야 님은 마침내 100일 안에 인간 세 명에게 기쁨의 눈물을 흘리게 하라는 천신의 명을 수행할 수 있게 되었다.

그러자 문득 인기훈이 생각난 듯이 물었다.

"맞다, 그런데 구미남은 어떻게 됐어요?"

동영상을 찍고 난 후, 인기훈은 구미남이 나타나 경찰에 빨리 신고하라고 할 줄 알았다. 그런데 그때 이후로 한 번도 나타나지 않았으니, 이상하다고 생각한 것이다.

"천신님께 특별 교육을 받고 있지."

호야 님이 씩 웃으며 말했다. 촬영 사건이 있고 난 뒤, 호야 님은 곧바로 천신께 그동안 구미남이 인기훈에게 한 나쁜 짓을 고해바쳤다. 천신은 인간을, 그것도 어린아이를 이용해 산신의 자리를 빼앗으려 한 구미남에게 크게 노했다.

범우산 동굴 속에서 꼼짝 못 하고 있지. 이제 곧 범우산에서 쫓겨나게 될 거야.

호야 님의 말에 고미래가 그럴 줄 알았다는 표정으로 말했다.
"인과응보죠."
인과응보(因果應報)란, 좋은 일에는 좋은 결과가, 나쁜 일에는 나쁜 결과가 따른다는 뜻이다.

 호야 님의 농담에 모두들 웃음이 터졌다. 인간은 1000년은커녕 100년 살기도 힘드니 말이다. 호야 님도 웃으며 말했다.
 "그러니까 부담 갖지 말고 맡아 줘. 그리고 공짜 아냐, 사용료는 따로 받을 거야."

"그럼 부모님께 말씀드려 볼게요."

인기훈이 반기며 말했다. 공짜라면 부담스럽고 미안하지만, 사용료를 낸다면 괜찮지 않을까 생각한 것이다. 그리고 문구점을 하게 되면, 부모님과 함께 살 수 있으니 그것보다 좋은 일이 어디 있겠는가.

그렇게 아이들과 호야 님은 아쉬운 작별을 했다. 그래도 산신의 꿈을 이루고 떠나는 것이니 잘된 일이지 않겠는가.

다음 날 학교 가는 길에 보니, 문구점이 진짜 단단히 잠겨 있었다. 주동희는 아쉬운 마음으로 발길을 돌렸다.

그렇게 한 달이 지나고, 드디어 해가 바뀌어 새해가 되었다. 주동희는 범우산을 바라보며 생각했다.

'산신이 되셨겠네. 축하드려요, 호야 님.'

해가 바뀌어 호야 님이 1000살이 되면 산신이 된다고 했으니 말이다. 그리고 며칠 후, 군청에서는 범우산 터널 공사를 하지 않기로 했다고 발표했다. 호야 님과 아이들의 노력이 큰 도움이 된 것이다. 이 소식을 듣자마자 주동희와 고미래, 인기훈은 함께 범우산에 올랐다. 호야 님은 이미 다 알고 있겠지만, 그래도 직접 기쁜 소식을 전하고 싶었기 때문이다. 산 정상에 오르자 주동희가 큰 소리로 외쳤다.

"호야 님, 잘 계시죠?"
인기훈이 다음으로 외쳤다.
"범우산 터널 공사, 안 하기로 했어요!"
고미래도 소리쳤다.
"호야 님, 보고 싶어요!"
아이들의 외침은 메아리가 되어
범우산 골짜기 구석구석
으로 퍼져 나갔다.

토론은 싸움이 아니에요

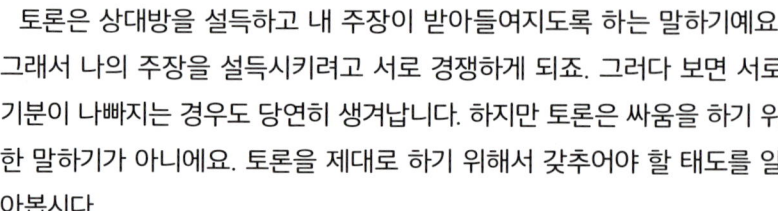

토론은 상대방을 설득하고 내 주장이 받아들여지도록 하는 말하기예요. 그래서 나의 주장을 설득시키려고 서로 경쟁하게 되죠. 그러다 보면 서로 기분이 나빠지는 경우도 당연히 생겨납니다. 하지만 토론은 싸움을 하기 위한 말하기가 아니에요. 토론을 제대로 하기 위해서 갖추어야 할 태도를 알아봅시다.

★ 상대방을 존중하기

토론에서 가장 먼저 갖추어야 할 태도는 상대방의 의견을 존중하고 예의를 갖추는 것입니다. 토론에서는 나이나 상대방의 관계와 상관없이 높임말을 사용합니다. 그리고 사람들은 나와 의견이 다를 수 있다는 것을 인정하고 토론에 참여합니다.

★ 상대방을 깎아내리는 표현 쓰지 않기

토론을 하다 보면 상대방을 깎아내리는 표현을 쓰는 바람에 서로 감정이 상하는 경우가 생깁니다. 상대방을 무시하는 듯한 표현이나 비웃는 표현, 비아냥거리는 표현은 사용하지 않아야 합니다. 상대방이 나를 어떻게 대해 주었으면 좋겠는지 생각해 보고 나도 상대방을 대해야 해요.

★ 부정적인 감정을 담아서 말하지 않기

　토론은 나와 다른 의견을 이야기하는 사람을 만나는 자리입니다. 나와 같은 의견을 가진 사람과 함께 이야기하면 당연히 즐겁고 재미있습니다. 반대로 나와 의견이 다른 사람을 만나면 불편한 기분이 들겠죠. 그래서 토론에서 내가 말하는 것을 반박하는 상대방의 말을 듣다 보면 기분이 나빠질 수도 있습니다. 하지만 이때 짜증이나 화를 섞어 말을 하면 내가 하는 말보다 나의 감정이 더 크게 보입니다. 상대방이나 판정하는 사람이 내 말의 내용보다는 감정을 보게 되는 거죠. 그래서 토론할 때는 감정은 조절하고 차분하게 논리적인 말하기를 해야 합니다.

★ 받아들일 것은 받아들이기

　토론은 내 주장과 근거로 상대방을 설득시키는 것이 목적입니다. 하지만 나의 근거나 뒷받침 자료가 잘못된 경우가 생길 수 있습니다. 이때는 변명하며 둘러대기보다는 근거의 부족한 점이나 실수를 스스로 인정하는 것이 좋습니다. 반대로 상대방의 근거 중 인정할 수 있는 부분은 인정하고 받아들이는 자세도 필요합니다.

★ 다른 시각으로 바라보기

　세상에는 하나의 정답과 의견만 있는 것은 아니에요. 토론도 마찬가지입니다. 나와 다른 의견도 인정하고 정확히 바라보며 좋은 의견은 받아들일 수도 있어야 해요. 그래야 나의 주장이 옳은지도 제대로 평가받을 수 있어요.

★ 상대방에게서 배우기

　이번 토론을 마치고 다음 토론을 할 때는 더 나은 토론을 할 수 있도록 상대방이 토론하는 모습에서 좋은 점은 배우려는 자세가 필요합니다. 상대방의 장점을 잘 보고 다음번 토론에서는 나의 장점으로 만들 수 있도록 노력해 보세요.

★ 내 주장과 근거 살피기

　토론에서 상대방의 주장과 근거를 반박하는 시간이 중요한데, 이때는 상대의 내용에서 오류를 찾아내서 반박합니다. 그런데 상대방의 의견을 살피기만 하고 공격하기 위한 질문만 준비하다가 정작 내 주장과 근거 자료 준비에는 소홀해지기도 해요. 그러니 나의 주장과 근거가 힘을 잃지 않도록 뒷받침하는 다양한 자료를 계속 찾아보면서 정확한 내용인지 확인해야 합니다.

호야 님의 신기 문구점
❸ 백전백승 토론술

1판 1쇄 인쇄 | 2024. 6. 3.
1판 1쇄 발행 | 2024. 6. 20.

토론법 코칭 옥효진 | 글 고희정 | 그림 류수형

발행처 김영사 | 발행인 박강휘
편집 인우리 | 디자인 고윤이 | 마케팅 이철주 | 홍보 조은우
등록번호 제 406-2003-036호 | 등록일자 1979. 5. 17.
주소 경기도 파주시 문발로 197(우 10881)
전화 마케팅부 031-955-3100 | 편집부 031-955-3113~20 | 팩스 031-955-3111

값은 표지에 있습니다.
ISBN 978-89-349-2571-2 74810

좋은 독자가 좋은 책을 만듭니다. 김영사는 독자 여러분의 의견에 항상 귀 기울이고 있습니다.
전자우편 book@gimmyoung.com | 홈페이지 www.gimmyoungjr.com

| 어린이제품 안전특별법에 의한 표시사항 | 제품명 도서   제조년월일 2024년 6월 20일
제조사명 김영사   주소 10881 경기도 파주시 문발로 197   전화번호 031-955-3100   제조국명 대한민국
사용 연령 8세 이상   ⚠ 주의 책 모서리에 찍히거나 책장에 베이지 않게 조심하세요.